Τιάρα Κλαμπ στο Ρουμπινένιο Μέγαρο

Για ΟΛΕΣ τις σκληρά εργαζόμενες πριγκίπισσες
του παιδικού τμήματος της Hachette,
με αγάπη και πολλές ευχαριστίες.
Β.Φ.

Συγγραφέας και τίτλος πρωτοτύπου:
VIVIAN FRENCH
«Princess Olivia and the Velvet Cloak»

First published in Great Britain by Orchard Books in 2007

Μετάφραση: Πετρούλα Γαβριηλίδου
Διορθώσεις: Ελένη Μπολοβίνου

Παραγωγή: ΜΙΝΩΑΣ Α.Ε.Ε.

1η έκδοση στην Ελλάδα: Απρίλιος 2009

Τ.Θ. 504 88, 141 10 Ν. Ηράκλειο, ΑΘΗΝΑ
τηλ.: 210 27 11 222 – fax: 210 27 11 056
www.minoas.gr • e-mail: info@minoas.gr

ISBN 978-960-699-922-2

Τιάρα Κλαμπ στο Ρουμπινένιο Μέγαρο

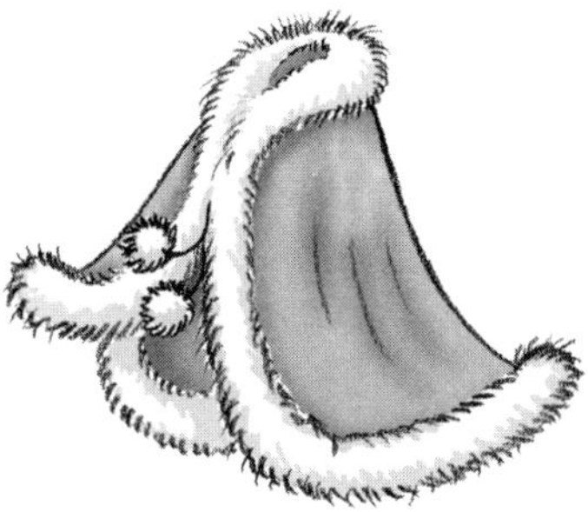

Η Πριγκίπισσα Ολίβια

και ο Βελούδινος Μανδύας

Κείμενο: Βίβιαν Φρεντς

Εικονογράφηση: Σάρα Γκιμπ

Μετάφραση: Πετρούλα Γαβριηλίδου

ΜΙΝΩΑΣ
ΕΚΔΟΣΕΙΣ

Βασιλική Ακαδημία Εκπαίδευσης για Ιδανικές Πριγκίπισσες

(γνωστή στις μαθήτριες ως *Πριγκιπική Ακαδημία*)

Η ΑΡΧΗ ΤΟΥ ΣΧΟΛΕΙΟΥ ΜΑΣ:

Μια πριγκίπισσα σκέφτεται πάντα τους άλλους πριν από τον εαυτό της. Είναι ευγενική, φροντίζει όλους τους ανθρώπους και λέει πάντα την αλήθεια.

Η εκπαίδευση στο Ρουμπινένιο Μέγαρο είναι πλήρης, με έμφαση στη δημιουργία και τις τέχνες. Η σχολική ύλη περιλαμβάνει, εκτός των άλλων:

Δημιουργικές ιδέες για το Φεστιβάλ Φιλίας

Δημιουργία ανθοδεσμών (όλα τα αγκάθια θα πρέπει να αφαιρούνται)

Μπαλέτο για μια κορμοστασιά όλο χάρη και κομψότητα

Επίσκεψη στην έκθεση διαμαντιών (με ευχάριστη αφορμή τα γενέθλια της βασίλισσας Φαμπιόλα)

Η βασίλισσα Φαμπιόλα, η διευθύντρια του σχολείου, είναι παρούσα ανά πάσα στιγμή και οι μαθήτριες βρίσκονται υπό την προστασία της νεράιδας Τζέι και της βοηθού της, της νεράιδας Ανγκόρα.

Καθηγητικό προσωπικό:

ΒΑΣΙΛΙΑΣ ΜΠΕΡΝΑΡΝΤΟ Ο 4ος
(Διευθυντής του Ρουμπινένιου Μεγάρου)

ΛΑΙΔΗ ΧΑΡΙΣ
(Γραμματέας της βασίλισσας Φαμπιόλα)

ΛΑΙΔΗ ΑΡΑΜΙΝΤΑ
(Οικοδέσποινα της Πριγκιπικής Ακαδημίας)

ΒΑΣΙΛΙΣΣΑ ΜΗΤΕΡΑ ΜΑΤΙΛΝΤΑ
(Πρωτόκολλο, πόζες, ανθοδέσμες)

Απονέμουμε πόντους ΤΙΑΡΑ, για να ενθαρρύνουμε τις πριγκίπισσες να προχωρήσουν στο επόμενο στάδιο. Όλες οι πριγκίπισσες που κερδίζουν τους πόντους που χρειάζονται θα παραστούν σε έναν εορταστικό χορό, όπου θα τους απονεμηθούν οι ρουμπινένιες εσάρπες.

Οι πριγκίπισσες που έχουν κερδίσει τις ρουμπινένιες εσάρπες τους μπορούν να φοιτήσουν τον επόμενο χρόνο στο Μαργαριταρένιο Παλάτι, μια πολύ ιδιαίτερη σχολή για Ιδανικές Πριγκίπισσες που επιθυμούν εκπαίδευση ανωτέρου επιπέδου.

ΑΠΑΡΑΙΤΗΤΕΣ ΠΡΟΫΠΟΘΕΣΕΙΣ ΠΡΟΣΕΛΕΥΣΗΣ

Οι πριγκίπισσες πρέπει να προσέλθουν στην Ακαδημία το *λιγότερο* με:

ΕΙΚΟΣΙ ΤΟΥΑΛΕΤΕΣ ΧΟΡΟΥ
(με όλα τα απαραίτητα στεφάνια φορεμάτων, μεσοφόρια κ.λπ.)

ΕΙΚΟΣΙ ΚΑΘΗΜΕΡΙΝΑ ΦΟΡΕΜΑΤΑ

ΕΦΤΑ ΤΟΥΑΛΕΤΕΣ
κατάλληλες για πάρτι σε εξωτερικούς χώρους και άλλες ειδικές εκδηλώσεις

ΔΩΔΕΚΑ ΤΙΑΡΕΣ

ΠΑΠΟΥΤΣΙΑ ΧΟΡΟΥ
πέντε ζευγάρια

ΒΕΛΟΥΔΙΝΕΣ ΠΑΝΤΟΦΛΕΣ
τρία ζευγάρια

ΜΠΟΤΕΣ ΙΠΠΑΣΙΑΣ
δύο ζευγάρια

Μανδύες, μανσόν, εσάρπες, γάντια κι άλλα απαραίτητα πριγκιπικά αξεσουάρ

Γεια σου! Είμαι η πριγκίπισσα Ολίβια, μία από τις πριγκίπισσες του Κόκκινου Κοιτώνα, και χαίρομαι πολύ που είσαι κι εσύ εδώ μαζί μας! Ίσως ξέρεις ήδη τη Χλόη, την Τζέσικα, την Τζόρτζια, τη Λόρεν και την Έιμυ. Είναι οι καλύτερές μου φίλες και είναι ΥΠΕΡΟΧΕΣ! Το ακριβώς αντίθετο από τις δίδυμες, την Ντάιαμοντ και την Γκρουέλα. Ξέρω ότι οι Ιδανικές Πριγκίπισσες δεν πρέπει να σκέφτονται άσχημα για τις άλλες πριγκίπισσες, αλλά αυτές οι δύο είναι ΠΡΑΓΜΑΤΙΚΑ απαίσιες.

Κεφάλαιο Ένα

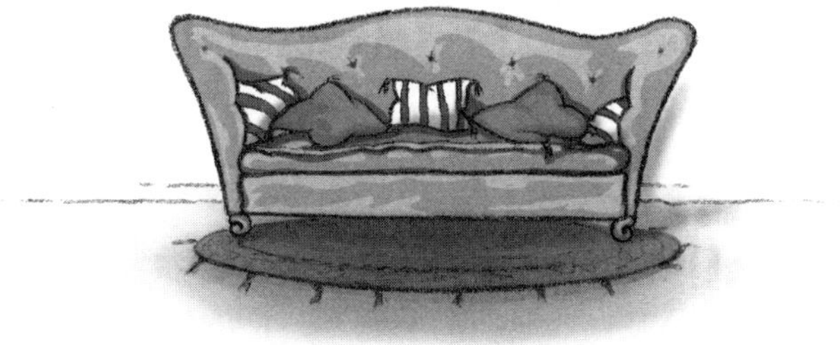

—Τον τελευταίο καιρό δε συμβαίνει ΤΙΠΟΤΑ συναρπαστικό, είπε κατσουφιασμένη η Τζέσικα. Ούτε χοροί ούτε πάρτι, τίποτα, εδώ και ΑΙΩΝΕΣ.

Είχαμε βυθιστεί στους καναπέδες του δωματίου αναψυχής και η αλήθεια είναι ότι η Τζέσικα είχε δίκιο. Είχαμε πράγματι την αίσθηση ότι οι μέρες στο σχολείο κυλούσαν βαρετά και κάθε μέρα ήταν ακριβώς ίδια με την προηγούμενη.

–Μήπως να πάω να ρίξω μια ματιά στον πίνακα ανακοινώσεων; ρώτησα.

Εκεί κρεμάει η λαίδη Χάρις, η γραμματέας της διευθύντριάς μας, όλες τις προσκλήσεις για τους χορούς ή τις αλλαγές στις ώρες των μαθημάτων και ό,τι άλλο χρειάζεται να ξέρουμε.

Η Λόρεν χασμουρήθηκε.

–Κοίταξα εγώ όταν ερχόμουν προς τα εδώ, είπε. Η μόνη καινούρια ανακοίνωση αφορά τα ρούχα που φοράμε. Πρέπει να είναι πιο ζεστά όταν βγαίνουμε έξω, γιατί το κρύο γίνεται όλο και πιο τσουχτερό.

–Λέτε να χιονίσει; ρώτησε η Έιμυ με ενθουσιασμό. Θα είναι πολύ ωραία.

Πήγα να δω έξω από το παράθυρο.

–Έχει σύννεφα πάντως..., άρχισα να λέω αλλά σταμάτησα ξαφνικά. Κάτι ΠΟΛΥ περίεργο συνέβαινε στην αυλή. ΓΡΗΓΟΡΑ! είπα. Ελάτε να δείτε!

Οι φίλες μου έτρεξαν στο παράδυρο.

Μείναμε να χαζεύουμε όλες μαζί τους εργάτες του Ρουμπινένιου Μεγάρου που κουβάλαγαν πλάκες ξύλου.

–Τι να χτίζουν άραγε; ρώτησε η Χλόη και τα μάτια της είχαν ανοίξει διάπλατα.

–Νομίζω ότι χτίζουν μια εξέδρα, είπε σκεπτική η Τζέσικα.

Η Τζόρτζια χτύπησε παλαμάκια.

–Τότε κάτι συναρπαστικό θα συμβεί! Τι λέτε να είναι;

—Ίσως κάποιο θεατρικό έργο; πρότεινα και έλπιζα να είχα δίκιο. ΛΑΤΡΕΥΩ το θέατρο!

Τότε ήταν που άνοιξε η πόρτα του δωματίου και μπήκαν οι απαίσιες δίδυμες, η Ντάιαμοντ και η Γκρουέλα.

—Αααααα! φώναξε η Ντάιαμοντ. Κοίτα τις καημένες που κοιτάζουν από το

παράθυρο. Αποκλείεται να ξέρουν για τη Μεγάλη Επίδειξη που θα γίνει αύριο!

Η Γκρουέλα ξεφύσηξε.

—ΕΜΕΙΣ ξέρουμε όμως, έτσι δεν είναι, Ντάιαμοντ;

—Φυσικά, είπε η Ντάιαμοντ και μας κοίταξε υποτιμητικά. Ο βασιλιάς Ροδόλφος είναι ΠΟΛΥ καλός φίλος της μαμάς, οπότε ξέρουμε τα σχέδιά του. Θα μας δείξει πώς πρέπει να συμπεριφέρονται οι Ιδανικές Πριγκίπισσες όταν ένας πρίγκιπας απλώνει το μανδύα του στο έδαφος για αυτές.

—Και γιατί να το κάνει αυτό ο πρίγκιπας; απόρησε η Έιμυ.

Τα μάτια της Γκρουέλα γύρισαν ανάποδα.

—ΑΝ ΕΙΝΑΙ ΔΥΝΑΤΟΝ! είπε. Κάποιες

πριγκίπισσες είναι πραγματικά ΑΣΧΕΤΕΣ, δε νομίζεις Ντάιαμοντ; Να της πούμε;

Η Ντάιαμοντ κούνησε αρνητικά το κεφάλι της.

—Όχι βέβαια. Αν η Έιμυ δεν ξέρει κάτι τόσο απλό, μάλλον δε θα έπρεπε να είναι εδώ.

Σήκωσε τη μύτη της ψηλά και έφυγε από το δωμάτιο. Η Γκρουέλα την ακολούθησε. Η Τζέσικα έκανε μια γκριμάτσα όταν βρόντηξαν την πόρτα πίσω τους.

—Θα είναι ακόμη πιο απαίσιες αύριο, είπε. Θα μας κάνουν όλη την ώρα επίδειξη γνώσεων.

Η Έιμυ εξακολουθούσε να μας κοιτάζει με απορία.

—Θα μου πει επιτέλους κάποια τι είναι αυτή η ιστορία με τους μανδύες;

—Είναι κάτι σαν παράδοση, της εξήγησε η Λόρεν. Αν ένας Ιδανικός Πρίγκιπας δει ότι μια Ιδανική Πριγκίπισσα πρόκειται να λερώσει τα πόδια της, υποτίθεται ότι πρέπει να απλώσει το μανδύα μπροστά της, ώστε εκείνη να περάσει πατώντας πάνω του.

Η Τζόρτζια χαμογέλασε στην Έιμυ, που φαινόταν έκπληκτη.

—Χαζομάρα δεν είναι;

—Άσε που με το μανδύα είναι ακόμα πιο δύσκολο να περπατήσεις, είπε η Χλόη. Είναι το μουσκεμένο βελούδο που κάνει το περπάτημα ΠΟΛΥ δύσκολο. Υποθέτω ότι γι' αυτό χρειάζεται η επίδειξη αύριο.

—Λέτε να ανεβαίνουμε στην εξέδρα εναλλάξ; ρώτησε η Τζέσικα.

—ΜΑΚΑΡΙ! είπα. Θα είναι ΤΕΛΕΙΑ!

Και μια ωραία εικόνα σχηματίστηκε στο μυαλό μου με εμένα να περπατώ με χάρη πάνω σε έναν κόκκινο βελούδινο μανδύα και ένας πανέμορφος πρίγκιπας να υποκλίνεται με θαυμασμό μπροστά μου.

Κεφάλαιο Δύο

Ξυπνήσαμε νωρίς νωρίς το επόμενο πρωί και περπατάγαμε τόσο βιαστικά για να πάμε στην τραπεζαρία για το φαγητό, που η λαίδη Χάρις, που στεκόταν μπροστά στον πίνακα ανακοινώσεων, μας μάλωσε.

—Οι Ιδανικές Πριγκίπισσες ΔΕΝ πηδάνε ποτέ τα σκαλιά, είπε αυστηρά. Παρακαλώ ανεβείτε πάλι τη σκάλα και κατεβείτε με το ΣΩΣΤΟ τρόπο!

–Μας συγχωρείτε, λαίδη Χάρις, είπε ευγενικά η Χλόη και ανεβήκαμε όλες πάλι τα σκαλιά για να ξανακατέβουμε. Αυτή τη φορά η λαίδη Χάρις μάς επέτρεψε να μπούμε στην τραπεζαρία. Είχαμε μόλις αρχίσει να τρώμε το πρωινό μας όταν μπήκε η διευθύντριά μας, η βασίλισσα Φαμπιόλα.

–Πριγκίπισσες! είπε δυνατά και κουνούσε το χωνί που είχε για να ακούει καλύτερα. Σήμερα σας έχουμε μια ΙΔΙΑΙΤΕΡΗ έκπληξη! Ο βασιλιάς Ροδόλφος έφτασε το πρωί...

–Είδες; ΕΜΕΙΣ το ξέραμε! ψιθύρισε η Ντάιαμοντ στο αυτί μου.

–Και θα μας κάνει μια Επίδειξη, Πώς

και ο Βελούδινος Μανδύας

να Δεχόμαστε Βοήθεια με Χάρη και Κομψότητα, συνέχισε η βασίλισσα Φαμπιόλα.

Η Ντάιαμοντ και η Γκρουέλα σταύρωσαν τα χέρια και μας κοιτούσαν με ύφος που έλεγε *σας το είπαμε εμείς*, αλλά ΤΙΝΑΧΤΗΚΑΝ πάνω όταν η βασίλισσα Φαμπιόλα πρόσθεσε:

–Ο βασιλιάς Ροδόλφος θα φέρει μαζί του κάποιους πρίγκιπες από την Ακαδημία για να βοηθήσουν.

Είχε ΠΟΛΛΗ πλάκα! Μόλις η βασίλισσα Φαμπιόλα ανέφερε ότι θα έρθουν και πρίγκιπες, η Ντάιαμοντ και η Γκρουέλα άρχισαν να φτιάχνουν τα μαλλιά τους και να ισιώνουν τα φορέματά τους.

–ΚΟΙΤΑ την Ντάιαμοντ! ψιθύρισε η Τζέσικα. Μα ΤΙ κάνει;

Η Λόρεν ξεροκατάπιε.

—Έριξε τσάι στο φόρεμά της. ΕΠΙΤΗΔΕΣ!

Η Ντάιαμοντ σήκωσε το χέρι της και ρώτησε:

–Με συγχωρείτε, Μεγαλειότατη, μπορώ να φύγω για λίγο; Πρέπει να αλλάξω φόρεμα...

–ΤΙ; Τι είπες; είπε η βασίλισσα Φαμπιόλα και περιεργάστηκε την Ντάιαμοντ. Α, μα τι απρόσεκτη που είσαι! Λέρωσες

το φόρεμά σου! Πήγαινε αμέσως να αλλάξεις. Θέλω οι πριγκίπισσές μου να είναι ΤΟ ΛΙΓΟΤΕΡΟ τέλειες, από κάθε άποψη!

Όταν έφυγε η Νταϊαμοντ, εμείς κοιταχτήκαμε και η Τζόρτζια άρχισε να χαχανίζει.

—Να δείτε που όταν θα γυρίσει θα φοράει το καλύτερό της βραδινό φόρεμα, είπε και είχε απόλυτο δίκιο.

Δέκα λεπτά αργότερα, την ώρα που βγαίναμε από την τραπεζαρία, η Ντάιαμοντ επέστρεφε φορώντας ένα πανέμορφο μεταξωτό φόρεμα σε απαλό πράσινο, που είχε και δύο μικρές τιράντες, και έδειχνε ΥΠΕΡΟΧΗ. Το φόρεμα ήταν ΚΑΤΑΠΛΗΚΤΙΚΟ, αλλά τελείως εκτός τόπου και χρόνου για μια τέτοια κρύα μέρα του χειμώνα.

Η Γκρουέλα την κοίταζε εκνευρισμένη.

—ΕΣΥ γιατί να αλλάξεις φόρεμα κι εγώ όχι; της είπε.

—Πρέπει να είμαστε όσο το δυνατόν πιο περιποιημένες για το βασιλιά Ροδόλφο και τους πρίγκιπες, είπε η Ντάιαμοντ

με μια μεγαλίστικη φωνή. Πάω να τους χαιρετήσω.

Τίναξε τα μαλλιά της πίσω και έφυγε. Η Γκρουέλα γρύλισε και την ακολούθησε.

–Έχει καταλάβει η Ντάιαμοντ πόσο κρύο κάνει έξω; ρώτησε η Λόρεν. Θα πα-

γώσει αν δε βάλει κάτι πάνω από αυτό το φόρεμα.

Εκείνη τη στιγμή εμφανίστηκε η νεραϊδονονά μας, η νεράιδα Τζέι, από την πόρτα που έβγαζε στην αυλή που ήταν η εξέδρα.

—Πριγκίπισσες! είπε με τη δυνατή φωνή της. Κάνει πολύ κρύο έξω, οπότε θέλω να ντυθείτε αναλόγως! Το μάτι της πήρε

την Ντάιαμοντ που πήγαινε να βγει και τα μάτια της άνοιξαν διάπλατα. Αν είναι δυνατόν, πριγκίπισσα Ντάιαμοντ! ΤΙ είναι αυτό που φοράς;

Η Ντάιαμοντ πάγωσε.

—Προσπάθησα να είμαι περιποιημένη για το βασιλιά Ροδόλφο. Είναι ένας από τους ΚΑΛΥΤΕΡΟΥΣ φίλους της μαμάς, βλέπετε.

Η νεράιδα Τζέι σήκωσε το ένα φρύδι.

—Αν είναι φίλος της μαμάς σου, τότε σίγουρα δε θα ήθελε να πεθάνεις από το κρύο. Πήγαινε να φορέσεις κάτι από πάνω, είπε και της έκλεισε την έξοδο προς την αυλή. Η Ντάιαμοντ με είδε που την κοίταζα να φεύγει και μου έκανε μια γκριμάτσα. Η νεράιδα Τζέι κούνησε το κεφάλι της και βεβαιώθηκε ότι εμείς οι υπόλοιπες φοράγαμε τις μπότες μας και τις μάλλινες κάπες μας.

–Ο βασιλιάς Ροδόλφος και οι πρίγκιπες μόλις έφτασαν. Πηγαίνετε να καθίσετε μπροστά από τη σκηνή. Μόλις τελειώ-

σει η επίδειξη, θα σας σερβίρουμε ζεστή σοκολάτα και κέικ με κανέλα, μας είπε και σταμάτησε να στρώσει λίγο την κάπα της Λόρεν. Είμαι σίγουρη ότι δε χρειάζεται να σας πω ότι πρέπει να συμπεριφέ-

ρεστε άψογα, χρυσά μου. Η βασίλισσα Φαμπιόλα είναι πολύ περήφανη για τις πριγκίπισσές της, γι' αυτό μην την απογοητεύσετε – ειδικά μπροστά στο βασιλιά Ροδόλφο και τους πρίγκιπες!

Κεφάλαιο Τρία

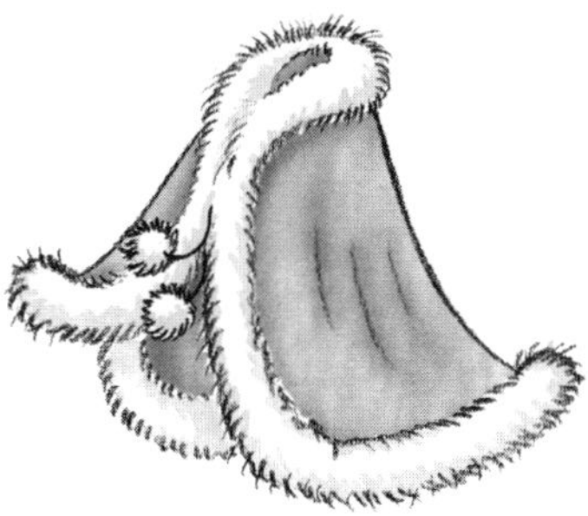

Δεν ξέρω πώς τα κατάφερε, αλλά όταν βγήκαμε στην αυλή, η Ντάιαμοντ ήταν ήδη εκεί και καθόταν στην πρώτη σειρά. Φορούσε μία κάπα από πράσινο βελούδο, που δεν είχα ξαναδεί, και της πήγαινε πολύ. Η Γκρουέλα καθόταν δίπλα της φορώντας την καθημερινή χειμωνιάτικη κάπα της και ήταν πολύ κατσουφιασμένη.

Αναρωτιόμουν συνέχεια γιατί η επίδειξη έπρεπε να γίνει έξω, αλλά σύντομα έμαθα γιατί. Δύο εργάτες έφεραν κουβάδες με νερό και μετά δύο κουβάδες με λάσπη.

–Ευχαριστώ, παιδιά! τους είπε ο βασιλιάς Ροδόλφος. Μπορείτε να τα ρίξετε στη μέση της σκηνής, σας παρακαλώ;

Οι εργάτες έγνεψαν καταφατικά και έριξαν το νερό και τη λάσπη στη μέση της σκηνής.

– Τέλεια! Ο βασιλιάς Ροδόλφος έτριψε τα χέρια του ευχαριστημένος και χαμογέλασε. Λοιπόν, πού είναι οι εθελοντές μου;

Μια μακριά σειρά από πρίγκιπες, που έδειχναν πολύ ωραίοι μέσα στα υπέροχα ρούχα τους, άρχισε να κατευθύνεται προς εμάς. Φορούσαν όλοι από έναν κατακόκκινο βελούδινο μανδύα και ένα τεράστιο καπέλο, το οποίο έβγαλαν και υποκλίθηκαν μπροστά μας. Εμείς ανταποδώσαμε την υπόκλιση. Εγώ ταλαντεύτηκα λίγο, γιατί είχα πολύ άγχος – αλλά η Ντάιαμοντ και η Γκρουέλα έκαναν την πιο βαθιά υπόκλιση που έχω δει ποτέ.

– Καλώς ήρθατε στο Ρουμπινένιο

Μέγαρο, είπε η Ντάιαμοντ με μια γλυκανάλατη φωνή και μπορούσα να τη δω να ανοιγοκλείνει με μανία τα βλέφαρά της.

Ο ψηλότερος από όλους τους πρίγκι-

πες, που ήταν ΠΟΛΥ όμορφος, χάρισε ένα μαγευτικό χαμόγελο στην Ντάιαμοντ.

—Θα μου κάνετε την τιμή να είστε ζευγάρι μου στην επίδειξη; τη ρώτησε.

—Μα, ΦΥΣΙΚΑ, είπε η Ντάιαμοντ και

σηκώθηκε ρίχνοντας ένα θριαμβευτικό χαμόγελο στην Γκρουέλα.

Ο βασιλιάς Ροδόλφος έδωσε την έγκρισή του γνέφοντας.

– Είσαι η πριγκίπισσα Ντάιαμοντ, αν δεν κάνω λάθος. Ξέρω τη μητέρα σου, αγαπητή μου.

Η Ντάιαμοντ χαζογέλασε και υποκλίθηκε. Αλλά ο βασιλιάς Ροδόλφος είχε ήδη γυρίσει την πλάτη του.

– Ελάτε, είπε στους πρίγκιπες. Ζητήστε σε κάποια από αυτές τις υπέροχες πριγκίπισσες να σας βοηθήσουν.

Οι πρίγκιπες κουνούσαν τα πόδια τους και φαίνονταν να ντρέπονται, αλλά στο τέλος έκαναν το πρώτο βήμα. Ένας κοκκινομάλλης πρίγκιπας με λαμπερά γαλανά μάτια στάθηκε μπροστά μου.

—Σε παρακαλώ, είπε, θέλεις να δοκιμάσουμε μαζί;

—Ευχαρίστως, Υψηλότατε, μετά χαράς, είπα και περπάτησα μαζί του μέχρι τη σκηνή.

Όταν προσπέρασα την Γκρουέλα, την άκουσα να σφυρίζει μέσα από τα δόντια της:

– Αυτό δεν είναι ΚΑΘΟΛΟΥ δίκαιο! ΕΜΕΝΑ έπρεπε να διαλέξει!

Και με κοίταξε άγρια. Προσπάθησα να την αγνοήσω, αλλά μπόρεσα να δω την Ντάιαμοντ να κλείνει το μάτι στην αδελφή της την ώρα που ανέβαινα τα σκαλιά της σκηνής.

Είδα και κάτι άλλο επίσης. Η Ντάιαμοντ φορούσε τα λαμπερά γοβάκια της αντί για μπότες. Αναρωτιόμουν αν το είχε προσέξει αυτό η νεράιδα Τζέι.

–Ήρθε η ώρα για την επίδειξη! είπε ο βασιλιάς Ροδόλφος. Θα ξεκινήσουμε με τον πρίγκιπα Φερδινάνδο. Σε παρακαλώ, πρίγκιπα, θυμήσου όσα σου έχω διδάξει!

Τότε συνειδητοποίησα ότι ο πρίγκιπας Φερδινάνδος ήταν ο ΔΙΚΟΣ ΜΟΥ παρτενέρ και εγώ δεν είχα ιδέα τι έπρεπε να κάνω!

Ξεροκατάπια με δυσκολία. *Αποκλείεται να είναι τραγικά δύσκολο*, είπα στον εαυτό μου. Ο πρίγκιπας Φερδινάνδος θα απλώσει το μανδύα του πάνω στις λάσπες στη μέση της σκηνής και εγώ θα περάσω απέναντι... και αυτό ήταν. Δεν ήταν τόσο όμορφος όσο ο πρίγκιπας που είχα φανταστεί, αλλά έμοιαζε να είναι πολύ καλός. Τον κοίταξα ελπίζοντας ότι θα έλεγε ή θα έκανε κάτι.

Τίποτα.

Ανοιγόκλεισε το στόμα του κάμποσες φορές, αλλά δεν έβγαλε μιλιά. Του χαμογέλασα για να τον ενθαρρύνω, αλλά μάλλον χειροτέρευσα την κατάσταση. Έγινε ΚΑΤΑΚΟΚΚΙΝΟΣ και σκούπισε τον ιδρώτα του προσώπου του με την άκρη του μανδύα του.

Ο βασιλιάς Ροδόλφος άρχισε να ανυπομονεί.

—Ίσως πρέπει να ζητήσουμε από τον πρίγκιπα Γεώργιο να αρχίσει, είπε.

Ο πρίγκιπας που στεκόταν δίπλα στην Ντάιαμοντ υποκλίθηκε και αυτή πέταγε από τη χαρά της.

—Σας ευχαριστώ, αγαπητέ βασιλιά Άκη, είπε. Θα κάνουμε το καλύτερο δυνατό.

Η Ντάιαμοντ προχώρησε μπροστά και όταν έφτασε μπροστά μου, μου έριξε μια γερή αγκωνιά. Έχασα τελείως την ισορροπία μου και πριν προλάβω να καταλάβω τι έγινε, βρέθηκα να κάνω πατινάζ πάνω στη λάσπη, στη μέση της σκηνής!

Κεφάλαιο Τέσσερα

Δεν μπορώ να καταλάβω ΠΩΣ δεν έπεσα. Τα χέρια μου κουνιόντουσαν προς κάθε κατεύθυνση και εγώ ταλαντευόμουν από τη μια άκρη στην άλλη, μέχρι που έφτασα στην άκρη της σκηνής. Το θέαμα πρέπει να ήταν πολύ μη πριγκιπικό και μπορούσα να ξεχωρίσω τα γέλια της Γκρουέλα και της Ντάιαμοντ – αλλά τουλάχιστον δεν ήμουν καλυμμένη με λάσπη. Ο βασιλιάς Ροδόλφος ΠΑΡΑΗΤΑΝ ευγενικός για να γελάει, αλλά όλοι οι πρίγκιπες συγκρατιόντουσαν με δυσκολία. Ο πρίγκιπας Φερδινάνδος ήταν ο μόνος που κοίταζε έκπληκτος.

Γύρισα και υποκλίθηκα βαθιά στο βασιλιά Ροδόλφο.

– Παρακαλώ, συγχωρήστε με, Μεγαλειότατε, είπα. Λυπάμαι πολύ… που γλίστρησα.

– Πριγκίπισσα Ολίβια! ΤΙ ήταν αυτό που έκανες;

Ήταν η βασίλισσα Φαμπιόλα, η οποία κούναγε εκνευρισμένη το χωνί της και ερχόταν προς το μέρος μου.

Τα γόνατά μου έτρεμαν. Μου φαινόταν πολύ θυμωμένη!

–Ήρθα να δω πώς τα πηγαίνουν οι πριγκίπισσές μου στην επίδειξη και βλέπω εσένα να κάνεις πατινάζ πάνω στη σκηνή σαν να είσαι κλόουν! Τι έχεις να πεις για αυτό;

Κοίταζα τα ξύλα της σκηνής και ευχόμουν να ανοίξει η γη να με καταπιεί. Δεν μπορούσα να πω ότι η Ντάιαμοντ με είχε σπρώξει, γιατί θα ήμουν μια απαίσια μαρτυριάρα, οπότε απλώς ψιθύρισα:

–Με συγχωρείτε, Μεγαλειοτάτη, μάλλον έχασα την ισορροπία μου...

–Δε σε ακούω, παιδί μου. Τι είναι αυτά που μουρμουρίζεις; Μα στ' αλήθεια, τι

ΓΕΛΟΙΑ συμπεριφορά! Ντρέπομαι για λογαριασμό σου! είπε η βασίλισσα Φαμπιόλα, που άστραφτε και βροντούσε. Πήγαινε να με περιμένεις έξω από το γραφείο μου. Θα τα πούμε αργότερα.

Ένιωθα το πρόσωπό μου να καίει την ώρα που κατέβαινα από τη σκηνή και σχεδόν έτρεχα πίσω στο Μέγαρο. Μόλις που άκουσα τη βασίλισσα Φαμπιόλα να προτείνει σε όλους να κάνουν ένα μικρό περίπατο γύρω από την αυλή για να ζεσταθούν πριν ο πρίγκιπας Γεώργιος και η Ντάιαμοντ ξεκινήσουν την επίδειξη.

Φοβόμουν μην κλάψω και ήμουν αποφασισμένη να μην το κάνω. Αυτό θα χαροποιούσε ΙΔΙΑΙΤΕΡΩΣ την Ντάιαμοντ. Φυσούσα δυνατά τη μύτη μου και περπατούσα στον άδειο διάδρομο χωρίς να μου φεύγει από το μυαλό η έννοια για το τι θα μου έλεγε η διευθύντριά μας. Ίσως μου έδινε εκατομμύρια αρνητικούς πόντους τιάρα... ή μήπως κάτι ακόμη χειρότερο; Στάθηκα έξω από την πόρτα του γραφείου της και έψαχνα μέσα στην τσέπη μου...

Τότε άκουσα κάποιον να βήχει πίσω μου και ένα χέρι μού έδωσε ένα ολόλευκο μαντίλι.

Γύρισα να δω και έμεινα με το στόμα ανοιχτό. Πρέπει να ήμουν πολύ αστεία, γιατί ο πρίγκιπας Φερδινάνδος άρχισε να χαμογελά.

—Τι κάνεις εδώ; ρώτησα. Ντρέπομαι πολύ!

—Δεν έφταιγες εσύ! είπε με πυγμή. Είδα αυτό το απαίσιο κορίτσι που σε έσπρωξε. Προσπάθησα να το πω στη διευθύντριά σας, αλλά δε με άκουγε. Μου έγνεψε να φύγω, οπότε σε ακολούθησα..., είπε διστακτικά, ...και επίσης ήθελα να σου ζητήσω ΕΙΛΙΚΡΙΝΑ συγνώμη που ήμουν άχρηστος πριν. Αν δεν είχα τόσο τρακ, τίποτα δε θα είχε συμβεί.

–Αυτό είναι πολύ ευγενικό εκ μέρους σου, είπα. Μην ανησυχείς. Δεν πειράζει.

Ο πρίγκιπας Φερδινάνδος κούνησε το κεφάλι του.

–Πειράζει. Κανονικά είμαι από τους καλύτερους στην τάξη μου, αλλά αγχώνομαι ΠΑΡΑ πολύ όταν με κοιτάζει τόσος κόσμος. Ειδικά όταν υπάρχουν και κορίτσια... Έι! είπε και ξαφνικά το πρόσωπό του έλαμψε. Θέλεις να σου δείξω; Μπροστά σου δεν ντρέπομαι τόσο πολύ.

–Ορίστε; Δεν πίστευα στα αυτιά μου. Εννοείς... να μου δείξεις πώς να περπατώ πάνω στο μανδύα;

–Ακριβώς! Ο πρίγκιπας Φερδινάνδος υποκλίθηκε βαθιά, έβγαλε με χάρη το βελούδινο μανδύα του και τον έστρωσε στο πάτωμα μπροστά μου. Αγαπητή πριγκίπισσα Ολίβια, μπορώ να έχω την τιμή να σας βοηθήσω να περάσετε πάνω από αυτές τις λάσπες;

Δεν μπορούσα να σταματήσω να χαμογελώ.

–Σας ευχαριστώ, Υψηλότατε, είπα με την πιο ευγενική, πριγκιπική φωνή μου. Σας είμαι ευγνώμων.

Και πέρασα ακροπατώντας πάνω στο μανδύα, ενώ ο πρίγκιπας Φερδινάνδος περίμενε υπομονετικά.

–Εξαιρετικά! είπε και μου χαμογέλασε πλατιά. Το ήξερα ότι είσαι αστέρι!

–Φυσικά και είναι! ακούστηκε μια βροντερή φωνή από το τέλος του διαδρόμου και φάνηκε αμέσως η νεράιδα Τζέι. Ερχόταν με φόρα προς το μέρος μας και

ο πρίγκιπας Φερδινάνδος την κοίταζε αγχωμένος.

– Μην ανησυχείς, του ψιθύρισα. Η νεράιδα Τζέι είναι ΥΠΕΡΟΧΗ!

– Εγώ είμαι υπέροχη, μούγκρισε η νεράιδα Τζέι, αλλά εσείς μπορείτε να μου εξηγήσετε γιατί αποφασίσατε να κάνετε αυτή την ΤΕΛΕΙΑ επίδειξη εδώ μόνοι σας, στο διάδρομο;

Ξαφνικά, θυμήθηκα πάλι τι μου είχε συμβεί και έπιασα το κεφάλι μου. Ο πρίγκιπας Φερδινάνδος ύψωσε την κορμοστασιά του.

– Δυστυχώς, η πριγκίπισσα Ολίβια παραλίγο να πέσει πάνω στη σκηνή, Νεραϊδοτάτη, είπε. Κού... κούναγε τα χέρια της σαν ανεμόμυλος για να μην πέσει. Η διευθύντρια νόμιζε ότι κάνει πλάκα και την έστειλε μέσα, αλλά ΔΕΝ έφταιγε αυτή. Την είχε σπρώξει μια άλλη πριγκίπισσα – ήμουν ακριβώς από πίσω και το είδα. Η Ολίβια είναι πολύ καλή για να μαρτυρήσει, αλλά σας το λέω εγώ.

–Μάλιστα, είπε η νεράιδα Τζέι και τα μάτια της άρχισαν να φεγγοβολούν. Λοιπόν, ίσως πρέπει να πάμε έξω να δούμε τι γίνεται, και μας οδήγησε πίσω στην αυλή...

...ακριβώς τη στιγμή που η Ντάιαμοντ σωριαζόταν κάτω. Πέφτοντας, τράβηξε και τον πρίγκιπα Γεώργιο που έπεσε κι αυτός – και οι δυο τους έπεσαν πάνω στο μανδύα και μέσα στις λάσπες.

—Α! Α! Α! φώναζε η Ντάιαμοντ. ΑΝΟΗΤΟ αγόρι! ΚΑΤΕΣΤΡΕΨΕΣ το φόρεμά μου!

Όταν σηκώθηκε, είδαμε όλοι ότι το πανέμορφο βραδινό φόρεμά της ήταν μέσα στις λάσπες. Η Ντάιαμοντ τσίριξε άλλη μια φορά, κατέβηκε από τη σκηνή και έτρεξε πίσω στο σχολείο κοπανώντας την πόρτα πίσω της. Όλοι άρχισαν αμέσως να μιλάνε, αλλά η νεράιδα Τζέι μπήκε μπροστά και σήκωσε το ραβδί της.

—Νομίζω, είπε, ότι πρέπει να ξαναρχίσουμε. Πάμε πάλι από την αρχή!

Κούνησε το ραβδί της και μικροσκοπικά, χρυσά αστεράκια πετάχτηκαν προς κάθε κατεύθυνση... και ξαφνικά ήμουν πάλι με τον πρίγκιπα Φερδινάνδο πάνω στη σκηνή! Τρίβαμε τα μάτια μας και κοιτούσαμε ο ένας τον άλλο – και τότε μίλησε ο βασιλιάς Ροδόλφος.

–Ήρθε η ώρα για την επίδειξη! είπε. Θα ξεκινήσουμε με τον πρίγκιπα Φερδι-

νάνδο. Σε παρακαλώ, πρίγκιπα, θυμήσου όσα σου έχω διδάξει!

Ο πρίγκιπας Φερδινάνδος μού χάρισε ένα ΤΕΡΑΣΤΙΟ χαμόγελο την ώρα που πήγαινε μπροστά στη σκηνή.

–Αγαπητή πριγκίπισσα Ολίβια, μπορώ να έχω την τιμή να σας βοηθήσω να περάσετε τις λάσπες;

–Ευχαριστώ, Υψηλότατε, είπα. Σας είμαι ευγνώμων.

Και μάντεψε τι έγινε μετά. Περπάτησα στις μύτες των ποδιών μου με χάρη, όπως έκανα και πριν στο διάδρομο, και όλοι άρχισαν να χειροκροτούν ΠΟΛΥ δυνατά!

Πίσω από το κοινό, η βασίλισσα Φαμπιόλα κούναγε θριαμβευτικά το χωνί της.

–Νεράιδα Τζέι, δώσε αμέσως στην

πριγκίπισσα Ολίβια είκοσι πόντους τιάρα! είπε.

–Βεβαίως, Μεγαλειοτάτη, είπε η νεράιδα Τζέι και μου έκλεισε το μάτι...

Όταν γύρισα στη θέση μου, συνειδητοποίησα ότι τα πράγματα δεν ήταν ΑΚΡΙΒΩΣ τα ίδια. Η Ντάιαμοντ έλειπε... Ύστερα από μερικά λεπτά την είδα να έρχεται και να κάθεται ήσυχα στη θέση της. Όταν κάθισε, κοίταξα τα πόδια της – και φορούσε μπότες, όπως όλες οι υπόλοιπες!

Κεφάλαιο Πέντε

Λίγο αφότου ανεβήκαμε όλοι στη σκηνή εναλλάξ, ήρθαν οι υπηρέτες με τις ζεστές σοκολάτες και τα κέικ. Ήταν Ο,ΤΙ έπρεπε για να μας ζεστάνει! Τελειώναμε το φαγητό μας όταν ο βασιλιάς Ροδόλφος ανέβηκε πάλι στη σκηνή και χτύπησε τα χέρια του για να τον προσέξουμε.

—Πρίγκιπες και πριγκίπισσες, είπε. Η

βασίλισσα Φαμπιόλα και εγώ είμαστε πολύ ευχαριστημένοι με την απόδοσή σας. Έτσι, ζητήσαμε από την Πριγκιπική Μπά-

ντα να έρθει και να παίξει για εσάς. Μόλις η σκηνή καθαριστεί, θα ξεκινήσει η μουσική και, αν αυτό δε σας ζεστάνει, τίποτα δε θα μπορέσει!

Και είχε δίκιο. Οι μουσικοί άρχισαν να παίζουν μια πολύ χαρωπή πόλκα και μάντεψε ποιος μου ζήτησε να χορέψουμε.

Ναι! Εμένα!

Ο πρίγκιπας Φερδινάνδος με έπιασε από το χέρι και με στριφογύριζε στην αυλή και ήταν ΠΟΛΥ ωραία.

–Ήμουν σίγουρος ότι θα ήσουν καλή στο χορό όταν σε είδα στη σκηνή να προσπαθείς να μην πέσεις, είπε χαμογελώντας. ΠΟΤΕ δεν έχω τρακ όταν χορεύω!

–Ούτε εγώ, είπα και συνεχίσαμε να χορεύουμε ασταμάτητα...

Όταν πήγα να κάτσω με τις φίλες μου

από τον Κόκκινο Κοιτώνα, ήξερα ότι εί-
μαι η πιο τυχερή πριγκίπισσα στον κό-
σμο.

Ένας λόγος παραπάνω, γιατί είσαι κι εσύ μία από τις καλύτερές μου φίλες!

Τι συμβαίνει μετά στην Ακαδημία;
Διάβασε τη συνέχεια:

Η Πριγκίπισσα Λόρεν
και το **Διαμαντένιο Κολιέ**

Γεια σου, αγαπημένη μας πριγκίπισσα!

Είμαι η Λόρεν. Ξέρεις ότι είμαι κι εγώ μια πριγκίπισσα του Κόκκινου Κοιτώνα; Η Χλόη, η Τζέσικα, η Τζόρτζια, η Ολίβια και η Έιμυ είναι οι καλύτερές μου φίλες, όπως κι εσύ – και είμαι πολύ χαρούμενη που είμαστε όλες εδώ μαζί στο Ρουμπινένιο Μέγαρο. Εσείς κάνετε μονοήμερες εκδρομές στο σχολείο σου; Εμείς ναι, και έχει ΠΟΛΛΗ πλάκα – αρκεί να μη μας τα χαλάσουν η Ντάιαμοντ και η Γκρουέλα. Τις ξέρεις, φαντάζομαι. Είναι οι απαίσιες δίδυμες...

Τιάρα Κλαμπ

Η Πριγκίπισσα Έιμυ
και η Χρυσή Άμαξα

Η Πριγκίπισσα Χλόη
και το Τριανταφυλλένιο Φόρεμα

Η Πριγκίπισσα Τζόρτζια
και το Αστραφτερό Διαμάντι

Η Πριγκίπισσα Τζέσικα
και το Βραχιόλι της Φιλίας

Η Πριγκίπισσα Λόρεν
και το Διαμαντένιο Κολιέ

Η Πριγκίπισσα Ολίβια
και ο Βελούδινος Μανδύας

Τιάρα Κλαμπ

Επισκεφθείτε την ιστοσελίδα του ΤΙΑΡΑ ΚΛΑΜΠ

www.tiaraclub.co.uk

Θα βρείτε παιχνίδια για Ιδανικές Πριγκίπισσες

και θα μάθετε τα νέα του ΤΙΑΡΑ ΚΛΑΜΠ!

Τιάρα
Κλαμπ

Η Πριγκίπισσα Σαρλότ
και ο Πριγκιπικός Χορός

Η Πριγκίπισσα Κέιτ
και το Ασημένιο Πόνι

Η Πριγκίπισσα Νταίζυ
και ο Λαμπερός Δράκος

Η Πριγκίπισσα Αλίκη
και ο Μαγικός
Καθρέφτης

Η Πριγκίπισσα Σοφία
και η Απίστευτη
Έκπληξη

Η Πριγκίπισσα Έμιλυ
και η Πανέμορφη
Νεράιδα

Τιάρα Κλαμπ στον Ασημένιο Πύργο

Η Πριγκίπισσα Σαρλότ και το Μαγεμένο Τριαντάφυλλο

Η Πριγκίπισσα Κέιτ και το Σκουπόξυλο που Χορεύει

Η Πριγκίπισσα Νταίζυ και το Μαγικό Λούνα Παρκ

Η Πριγκίπισσα Αλίκη και το Κρυστάλλινο Γοβάκι

Η Πριγκίπισσα Σοφία και το Πάρτι του Πρίγκιπα

Η Πριγκίπισσα Έμιλυ και το Πεφταστέρι

Τιάρα Κλαμπ στο Ρουμπινένιο Μέγαρο

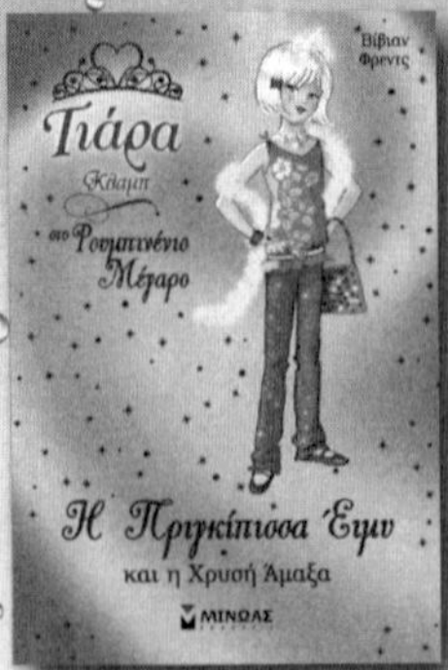

Η Πριγκίπισσα Έιμυ και η Χρυσή Άμαξα

Η Πριγκίπισσα Χλόη και το Τριανταφυλλένιο Φόρεμα

Η Πριγκίπισσα Τζόρτζια και το Αστραφτερό Διαμάντι

Η Πριγκίπισσα Τζέσικα και το Βραχιόλι της Φιλίας

Η Πριγκίπισσα Λόρεν και το Διαμαντένιο Κολιέ

Η Πριγκίπισσα Ολίβια και ο Βελούδινος Μανδύας